STÉPHEN LIÉGEARD

UNE VISITE

AUX

MONTS MAUDITS

(ASCENSION DU NÉTHOU)

« Quiconque n'a point pratiqué les montagnes du premier ordre se formera difficilement une juste idée de ce qui dédommage des fatigues que l'on y éprouve et des dangers que l'on y court. Il se figurera encore moins que ces fatigues même n'y sont pas sans plaisirs, et que ces dangers ont des charmes... »

RAMOND (*Observations faites dans les Pyrénées*).

PARIS

LIBRAIRIE HACHETTE ET Cie

79, BOULEVARD SAINT-GERMAIN, 79

1872

UNE VISITE

AUX

MONTS MAUDITS

IMPRIMERIE J. CLAYE
RUE SAINT-BENOIT 7
LABOR
PARIS

STÉPHEN LIÉGEARD

UNE VISITE

AUX

MONTS MAUDITS

(ASCENSION DU NÉTHOU)

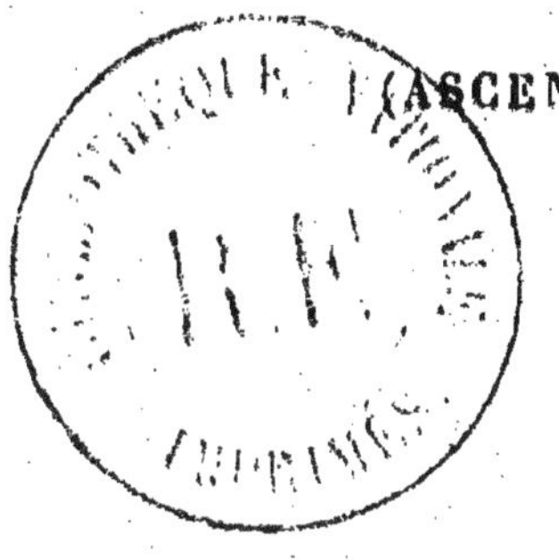

> « Quiconque n'a point pratiqué les montagnes du premier ordre se formera difficilement une juste idée de ce qui dédommage des fatigues que l'on y éprouve et des dangers que l'on y court. Il se figurera encore moins que ces fatigues même n'y sont pas sans plaisirs, et que ces dangers ont des charmes... »
>
> RAMOND (*Observations faites dans les Pyrénées*).

PARIS

LIBRAIRIE HACHETTE ET Cie

70, BOULEVARD SAINT-GERMAIN, 70

1872

Ceci n'est qu'un chapitre détaché d'une série d'études sur les principales ascensions de la chaîne pyrénéenne. Dans l'espoir que certains renseignements qui s'y trouvent recueillis pourront déjà servir aux touristes de cet été, nous publions la page, en attendant le volume.

Paris, 20 juin 1872.

UNE VISITE

AUX

MONTS MAUDITS

I

Dans la grande salle des thermes de Luchon, l'étranger s'arrête volontiers devant une série de fresques dont quelques-unes ne semblent pas sans mérite. Ce sont toutes femmes de haute taille symbolisant par leur pose ou par leurs attributs les courses célèbres du pays. On devine bien vite à la solidité des chairs, à la vigueur des contours, que de robustes filles de la montagne ont dû inspirer l'artiste. J'en sais une, faisant d'ailleurs fort bonne figure dans son panneau, qui, naïade modeste, ne dédaigne pas, durant la saison des eaux, de descendre du cadre pour tourner le robinet de cuivre et préparer la douche. Telle, dans la ville des Phéaciens, Homère nous montre Nausicaa lavant au courant limpide du fleuve les tuniques de pourpre du roi Alcinoüs. Le modèle s'offrait de lui-même au pinceau. L'imagination n'a donc eu le plus souvent qu'à grouper ces fictions un peu charnues, sauf à les idéaliser par des accessoires en situation.

Que de fois elles ont passé sous mon regard ! Voici d'abord une sorte de Junon couronnée qui tient en main les clefs d'or de l'Espagne : c'est *le Port de Vénasque. La Vallée du Lys* se dessine à ses côtés sous les traits d'une vierge blonde, au péplum sans souillure : elle contemple la tige qui lui donna son nom, tandis que, goutte à goutte, elle épand l'eau de son amphore ciselée sur les touffes avides de la rosée du matin. Plus loin, *la Vallée d'Oueil,* sa sœur, brune montagnarde à la musculature puissante, au teint hâlé, souffle dans un pipeau, tout en promenant ses doigts à travers la toison de sa brebis favorite. Sur la paroi opposée, vers le sommet d'un mont, une belle jeune fille s'éveille, qui, d'un geste gracieux, rejette en arrière la gaze étoilée dont se voilait son sein; elle entr'ouvre une paupière encore appesantie par le sommeil et semble toute éblouie des premiers rayons du jour. Qui ne reconnaît à de tels attributs *le Montné*, cet observatoire patenté des levers de soleil? Dirai-je la nymphe *d'Oo* inclinant son urne aux bords du lac où trempent ses pieds nus? Admirerons-nous plutôt cette adorable enfant qui court sur les pelouses embaumées du *val Esquierry*, piquant à ses tresses blondes les pâquerettes et les myosotis dont elle a fait moisson? Tous ces symboles, riants ou sévères, agrestes ou majestueux, plaisent à l'œil qu'ils récréent par leur diversité. En les voyant, le touriste se souvient, et le rhumatisant se console par une platonique contemplation, n'ayant guère espoir d'atteindre jamais à la réalité.

Parmi ces caprices plus ou moins réussis de la fantaisie du peintre, une fresque surtout m'attirait : celle de *la Maladetta.* Debout, dans un ciel sombre, la vierge fatale pose le pied sur *le pont de Mahomet :* des cheveux

blancs qui font une couronne à son jeune front
se répandent à flocons sur les plis d'un man-
teau de deuil ; courbée sous la malédiction
céleste, et pourtant menaçante, elle s'appuie
au pic Néthou pour lancer vers la France une
imprécation... Beauté peu séduisante ! Je le
concède. Cependant je me laissais aller à
son charme sauvage plus qu'aux sourires de
ses compagnes. Était-ce (éternelle curiosité
du cœur de l'homme !) parce que celles-ci
n'avaient plus guère à m'apprendre, tandis
que la maudite se refusait à dénouer en
ma faveur sa ceinture de neiges? Il se peut.
En tout cas, j'étais pour elle un soupirant
tenace. Depuis bien des années, je rêvais de
clouer ma carte de visite au fronton de son
palais glacé. Or la malechance s'en mêlait.
Hôte assidu de ces parages, je m'étais trouvé
plusieurs fois déjà en passe de tenter l'aventure. Ouragan du ciel ou tempête de la poli-
tique, invariablement à la dernière heure avait
surgi quelque obstacle. L'an dernier même,
toutes dispositions prises, les guides arrêtés,
un brusque rappel des chambres me ramena
vers le Palais-Bourbon. J'y devais assister à

un triste spectacle : celui d'un trône que
l'ambition d'une poignée d'hommes fait crou-
ler sur les ruines de la patrie démembrée. Puis,
quand tout fut consommé et l'espérance pour
longtemps disparue, je revins aux sources du
dieu Lixon comme à un Léthé propice, afin
d'y boire l'oubli des lâchetés humaines. Cette
fois, j'avais fait le serment d'Annibal et résolu,
coûte que coûte, de me mesurer avec ma belle
ennemie.

II

Une visite aux Monts Maudits tient très-
honorablement son rang à côté des plus grandes
excursions de la Suisse. La Maladetta est en
effet le Mont-Blanc des Pyrénées. Il ne fau-
drait cependant pas croire que cette supré-
matie lui ait été, de prime-saut, dévolue.
M. de Thou l'attribuait au pic du Midi de Pau.
Il est vrai que le même savant tenait le Mont
Olympe pour le plus élevé du monde. Je laisse
à penser ce qu'en devait dire l'Himalaya ! Ce
fut ensuite le tour du Canigou — fort étonné

sans doute d'un pareil honneur — de prendre la corde, dans ce steeple - chase d'altitudes. Le pic du Midi de Bigorre lui succéda en faveur, et garda son éphémère royauté jusqu'à ce que Ramond l'en eût dépouillé au profit du Mont-Perdu. Enfin notre siècle, un baromètre en main, a consacré les droits de la Maladetta qui depuis lors demeure, à juste titre, la reine incontestée de la chaîne pyrénéenne.

Tout voyageur ayant la moindre notion des frontières franco-ibériques sait que cet empâtement granitique qui se voit de si loin et que si parfaitement on admire du haut de Sauvegarde ou des flancs de l'Entécade, court, de l'est à l'ouest, sur une longueur de quinze kilomètres, se bosselant de renflements ou se hérissant de pics. Son maître sommet, espagnol comme le reste du massif, porte le nom de Néthou. Avant de dire comment et par quelles épreuves on y peut atteindre, il ne me semble pas inutile d'indiquer, à grands traits, la date et les épisodes des principales ascensions dont la mienne fut précédée. Ces détails, très-succincts d'ailleurs, se feront sans doute d'autant mieux accepter qu'ils n'ont point été publiés, que je sache. Je les ai relevés dans un registre qui, depuis 1842, époque de la première tentative heureuse, jusqu'en 1868, est resté à 3,400 mètres d'altitude, sous la garde des hivers. Chaque touriste assez hardi pour l'extraire de son étui y a laissé quelques impressions. Ses pages remplies, on l'a redescendu, il y a trois ans, après vingt-six années de cohabitation superbe avec les aigles et les orages. Les frimas semblent avoir donné leur teinte à son enveloppe de carton qui en retient quelque chose de pâle, de livide. Sous le crayon, tantôt conduit d'un doigt ferme, tantôt tremblant dans une main glacée, se groupent des notes rapides, nombreuses. L'haleine des vents, les pleurs de la tourmente en ont effacé plus d'une ligne. Parfois même la plombagine a manqué, et le touriste, pris en défaut, a dû pointiller une date et un nom du bout de son épingle à cravate. La couleur locale déborde de ce curieux manuscrit.

J'en dois la communication à l'obligeance du grand coureur de montagnes, M. l'ingénieur Lézat, qui le conserve précieusement auprès de son magnifique plan en relief des groupes pyrénéens.

Voici ce que j'y ai lu de plus intéressant.

III

Le premier jour qu'un pied humain foula les neiges immaculées du Néthou fut le 20 juillet 1842[1]. Ce n'est pas que des tentatives antérieures n'eussent déjà été faites. Entre 1787, année où Ramond songea à se frayer un passage réputé inaccessible, et le 11 août 1824, date de la mort de Barrau, nous avons plus d'un courageux essai à relever. Mais tandis que l'illustre géologue ne réussit guère à dépasser l'arête séparative des glaciers de la Maladetta et du Néthou, le guide imprudent, dont nous retrouverons tout à l'heure la trace, payait de sa vie son insouciante témérité. De l'une à l'autre de ces dates, nul n'avait été plus favorisé. A chaque nouvel assaut cor-

---

1. La cime du Mont-Blanc avait été atteinte dès 1786, par Joseph Balmat et le docteur Paccard.

respond un échec. Les honneurs de la victoire
étaient réservés à un Français et à un Russe,
MM. Albert de Franqueville et Tchihatcheff.
Leurs guides dont la mémoire mérite, à titre
égal, d'être conservée s'appelaient Jean Alga-
rot, Pierre Redonnet, Ursule Bernard — de
Luchon, et Sanio — de Luz. Ces vaillants
mirent trois jours pour accomplir leur coup
de main contre le génie de la montagne
enchantée. Enfin ils menèrent à bien l'entreprise, mais non sans avoir payé leur succès
de nausées, d'étourdissements, de sérieux
périls et de fatigues sans nombre. Ce récit
vivant, pittoresque, émouvant et ému, est à
lire en entier dans la publication qui en fut
faite alors.

Le charme était rompu... et cependant
deux ans s'écoulent avant qu'on recommence
l'épreuve. La montagne vaincue semble jeter
un nouveau défi aux audacieux. Ce sont
MM. Lézat et Auguère qui relèvent le gant
le 4 août 1844. Le résultat est tel, cette fois,
qu'il équivaut presque à une découverte.
L'habile ingénieur et son Pylade ne mirent en
effet que deux jours pour atteindre au Néthou,

en suivant, *les premiers*, la route qui depuis
demeura consacrée. La neige les avait assail-
lis pendant l'ascension, mais ils trouvèrent au
sommet un soleil resplendissant. M. Lézat
préludait ainsi à ces magnifiques travaux oro-
graphiques qui, du massif pyrénéen, lui font
comme une propriété de famille.

N'importe ! on ne se coudoie pas encore
sur les contre-forts de la Maladetta. Je n'y
retrouve la troisième caravane qu'à la date du
10 août 1849. Cette fois, une femme y figure.
Mme Ernestine Tavernier est la première qui
ait osé s'en prendre au pic maudit. Le registre
constate que cette Marphise mena l'aventure
avec autant de sang-froid que de bonheur.

En 1851 — il y a justement vingt ans —
le terrible sommet n'avait encore été abordé
que six fois. Rien d'ailleurs de plus maigre
que les renseignements glanés jusque-là ; des
noms propres, deux ou trois observations
météorologiques, quelques sobres éloges aux
guides, et c'est tout. A peine si un touriste,
en veine de confidences, se hasarde-t-il à
nous apprendre qu'il a craché le sang, que ses
compagnons ont déjeûné de bon appétit, ou

encore qu'à l'aide d'une lunette, un peu gros-
sissante, je suppose, il a compté 47 isards
sur les glaciers d'Esbaranes. Ce n'est qu'insensiblement que les voyageurs, mieux familia-
risés sans doute avec l'idée du danger,
deviennent plus prolixes dans le narré de leurs
impressions, et s'élèvent, comme par une sorte
de gamme ascendante, de la froide observa-
tion gastronomique ou médicale au lyrisme de
l'admiration la plus échevelée. Exemple :

« Que dire? en ces sommets où l'aigle seul respire,
La prière commence et la parole expire. »

L'auteur, y ayant aussi apparemment *res-
piré,* n'était pas fâché de nous indiquer, en
passant, qu'il appartient à la race aquilienne.
Ne lui marchandons pas cette prétention, et
poursuivons.

C'était une femme que nous trouvions tout
à l'heure associée à ces audaces : voici venir
un enfant de dix ans qui accompagne son
père (4 août 1853), et le père, *rara avis,*
accomplit la course en... *un* jour! A beau
conter qui descend de si haut. Parti de Lu-

chon vers minuit et demi, il était, paraît-il,
de retour le même soir, à neuf heures un
quart : moins de vingt et une heures ! Quant
à l'enfant, malgré sa vaillance, il dut s'arrêter
en vue de la terre promise, encore loin du
sommet.

Comme le vieux Ruy Gomez, « j'en passe,
et des meilleurs ».

Le 1ᵉʳ septembre 1857, il s'agit d'une so-
ciété tout entière qui a soutenu la gageure.
C'est une caravane, presque un clan. Trente-
quatre personnes se mettent joyeusement en
chemin. Outre d'excellents guides, elles ont
à leur tête le fameux M. Lézat et le docteur
Lambron, aujourd'hui inspecteur des eaux.
Ces intrépides (dont une femme) couchent à
la Rencluse. Le lendemain, des trente-quatre,
vingt-neuf atteignent le pic. Mˡˡᵉ Jazerac des
Forges est la seconde touriste qui se soit tirée
à son honneur de ce pas hasardeux.

L'an 1859 compte onze ascensions. Encore
un nom féminin, le troisième, gravé au livre
d'or de la Maladetta.

1860 y inscrira le quatrième et le cin-
quième : énergie et vigueur sont la devise de

mesdames Gabrielle Niel et Dommartin, deux Parisiennes.

Nous arrivons à 1861, année fertile en remarques diversement curieuses. Signalons d'abord, — ne fût-ce que pour égayer le sommeil de Piron, — une troupe de Beaunois, qui ne trouve rien de plus intéressant à consigner au profit de la postérité que le fait d'avoir sablé une bouteille de chambertin 1846 sur ces sommets inhospitaliers. Puis vient un quidam qui, voulant sans doute humilier ses confrères de Nanterre, signe majestueusement : « Un pompier de Toulouse! » Pompier après Bourguignon, l'eau après le vin. Enfin nous rencontrons pour la première fois l'auteur futur des *Grandes Ascensions des Pyrénées*[1], le comte Henri Russel Killough. Ce membre émérite de l'Alpine-Club, qui, après s'être mesuré avec toutes les montagnes de l'univers, a voulu faire plus spécialement son domaine du groupe pyrénéen, était alors officier au service du saint-siége, et poëte par supplément, si j'en crois ce gai distique écrit de sa main au verso du registre :

1. Un volume, Hachette et Cie, 1867.

« A force de grimper, je suis arrivé... ouf!
Bien heureux, par ma foi! de n'avoir pas fait... pouf. »

Pardonnons à sa muse essoufflée un léger
hiatus, en considération de tous ceux où la
glace crevassée avait failli l'engloutir.

Encore sir Russel, le 15 juillet 1864!
Écoutez-le jeter, au haut d'une page, cette
note triomphante : « Tout seul ici! » Seul,
en effet. Le versant septentrional semblant un
pont aux ânes à ce nouveau Guzman, il a
voulu chercher l'obstacle par une autre voie.
Mais, au fait, pourquoi ne lui laisserions-nous
pas la parole? « Tout seul ici! s'écrie-t-il;
parti ce matin de l'hôpital de Vénasque avec
la détermination d'arriver au Néthou par une
route nouvelle. Je suis monté par le lac d'Albe
et Malibierne; mais le pauvre Espagnol qui
portait les provisions, ayant cédé à la fatigue,
n'a pu arriver, malgré toute sa force. Je vais
le reprendre près du *Lac Coroné.* C'est du
haut du pic Posets que j'ai conçu avant-hier
la possibilité de monter par le sud... » Bref,
notre homme, venant d'accomplir déjà l'une
des plus rudes ascensions des Pyrénées, n'a
mis que six heures de l'hôpital de Vénasque à

la cime, et son itinéraire est détaillé, de quinze
en quinze minutes, avec une scrupuleuse exactitude. Je ne sache guère que l'isard — après
Killough — pour grimper de cet élan.

17 et 18 juillet 1865 : toujours sir Russel !
Une fois de plus, nous le surprenons en fla-
grant délit de récidive. Mais, jaloux des lauriers de Nicolet, il ne lui suffit plus de déjeuner
au sommet du pic : il y veut coucher. Lisez
plutôt, car je copie textuellement : « Passé la
nuit au sommet du Néthou, avec M. le capi-
taine Hawskens, de la marine royale britan-
nique : température de trois à cinq degrés
au-dessous de zéro. Coucher du soleil hier
plus beau que le lever ce matin. Vent violent
d'ouest, toute la nuit. Guide Capdeville a bien
fait son devoir. Éclairs et tonnerre à l'est.
Assez bien dormi. » A la bonne heure ! voilà
un homme qui n'a que faire de sommier et
d'édredon pour reposer convenablement. Un
bloc de granit est son oreiller, la neige son
duvet; puis vienne une tempête... les aquilons
le berceront, l'éclair lui servira de lampe de
nuit, et si, d'aventure, la foudre tombe, il y
allumera son cigare. C'est ce type très-origi-

nal, non moins que sympathique, dont j'avais essayé d'indiquer les contours dans ces vers d'une de mes pièces couronnées [1] :

« Ce n'est point pour courir sus au lépidoptère
Que ce fils un peu roux de la blonde Angleterre,
Sac au dos, pique en main, précipite ses pas.
Deux longs jarrets d'isard s'ouvrant comme un compas
D'un élan régulier le portent sans fatigue;
Ainsi qu'Ashavérus, dans sa marche prodigue,
Il passe, allant toujours et n'arrivant jamais.
Ni les gouffres sans fond ni les hautains sommets
Ne l'arrêtent; il met le clou de ses semelles
Sur la virginité des neiges éternelles... etc. »

Après Killough, il me paraît opportun de tirer l'échelle. Aussi bien cette énumération rappelant celle des croisés partant pour la terre-sainte, au premier chant de la *Jérasalem*, finirait par fatiguer le lecteur le plus bénévole. Et pourtant, la galanterie française m'impose le devoir de ne point passer sous silence le nom des demoiselles Hebburn, restées célèbres, au pays basque, par leur intrépidité. En 1862, quatre blondes Américaines franchirent à qui mieux mieux le pont de

1. Voir LE VERGER D'ISAURE, p. 152, Hachette, Paris 1870.

Mahomet. Il faisait beau voir, paraît-il, ces jeunes vierges, à l'œil glauque comme un reflet de sérac, aux cheveux plus ardents qu'un rayon du soleil des Espagnes, gravir hardiment des pentes effroyables et ranimer, par une belle humeur sans pareille, le courage parfois chancelant de leurs compagnons de route. Le guide Bertrand Estrujo, brave garçon, quoique un peu corsaire, s'attendrit chaque fois qu'il parle de Mary, de Jane ou d'Amy.

Si je résume ces notes, choisies entre bien d'autres, à l'usage des amateurs de l'avenir, j'en tire ce quadruple enseignement :

Qu'il y a quinze ans à peine que la course de la Maladetta est régulièrement faite, chaque été, par de rares intrépides;

Que peu de femmes ont approché de ses cimes;

Qu'un seul accident suivi de mort d'homme s'y est jamais produit;

Qu'enfin les mois de juillet et d'août semblent les plus favorables pour mener à bonne fin l'entreprise.

Ajoutons que l'atmosphère étant essentiellement capricieuse sous ces latitudes, la grande difficulté de l'ascension gît dans la rencontre de deux belles journées qui se suivent. Le ciel des Pyrénées, d'un azur parfois si profond, est loin d'offrir la sécurité des climats alpestres. Déjà, dans l'autre siècle, Ramond regrettait qu'il lui eût rarement souri. Les météorologistes en accusent le voisinage des deux mers. « Perfide comme l'onde, » a dit Shakespeare ; perfide comme une belle matinée de Luchon, pourrait-on écrire à titre de variante. Je n'en ai que trop souvent fait l'expérience à mes dépens.

IV

Je reviens à mon serment. Je m'étais donc promis de ne quitter point les Pyrénées, en 1871, avant qu'un nom ne se fût ajouté à ceux du registre. Aurais-je enfin raison de l'obstacle ? Les nuages semblaient conjurés pour me donner tort. Depuis bien des jours, ils se tenaient au ras des sommets avec une déplorable persistance. Or, déjà l'été s'en allait, cédant la place à l'automne. Il fallait se hâter ou renoncer. Rendez-vous d'ailleurs était pris au premier beau jour, — fût-ce un vendredi !

Ce fut un vendredi.

Je dormais profondément le 15 septembre au matin, quand un choc vigoureux ébranla ma porte. J'avais deviné la main du guide Redonnet avant de reconnaître sa voix.

— « Monsieur, s'écriait-il joyeusement, monsieur ! le temps est à souhait : nous pouvons partir. »

Je me trouvai vite debout. Jetant les yeux par delà les tilleuls d'Étigny, je pus en effet m'assurer que le soleil émergeait d'un azur sans tache. Je descendis. Une de mes voisines, belle jeune femme, blonde comme les blés, blanche comme l'écume des torrents, possède un capucin avec lequel elle est en commerce réglé de coquetterie. Je me hâte d'ajouter qu'il s'agit d'un cénobite de carton. C'est un hygromètre du bon vieux temps, aussi franc que l'or, plus infaillible qu'un concile ; du moins, la voisine le prétend. Nous consultâmes le capucin. Son chef se découvrait, que c'était merveille! Fort de l'assurance, je hâte les derniers apprêts. Cet hygromètre prouve une fois de plus, en passant, que les grandes résolutions ne tiennent souvent qu'à un cheveu. Les bâtons ferrés, les cordes d'attache, les souliers à crampon, les couvertures contre la rosée des nuits, les haches à couper le bois et à fendre la glace, tout cela est disposé d'avance; mais ce n'est point assez. Le temps n'est plus où, sur les bords du lac de Séculéjo, « du gros vin transporté dans une outre, du pain de seigle et quelques oignons » composaient pour le premier explorateur des Pyrénées[1] un *délicieux* repas. Ni la fraise des montagne, ni l'eau des cascades ne suffiraient, deux jours durant, aux robustes appétits que je suppose à mes compagnons. Nous trouverons la poésie en chemin; faisons-nous suivre par la réalité. Qui saurait mieux y pourvoir que l'hôtelier du Parc, l'excellent Arnative? Arnative est un singulier mélange de jovialité gasconne et

---

1. Ramond.

d'urbanité parisienne. Quiconque l'a vu une fois ne l'oubliera jamais. Il complète par sa présence le charme de ces vallées : je ne comprendrais pas Luchon sans Arnative. On reproche bien depuis quelque temps à ses confortables salons d'abriter, de ci, de là, certaines beautés à vertu non moins chatoyante que la chevelure. La grande-duchesse de Gérolstein y prend ses repas, et Caroline H..., cette statue vivante, ne dédaigne pas de descendre de son piédestal pour aller y savourer un bischof. A quoi Arnative répond qu'il n'est pas M. de Montyon, lequel eût été sans doute fort empêché pour ordonner un dîner champêtre ou fleurir un souper régence aussi galamment que lui. Bref, j'opère une descente au fond de ses laboratoires les plus mystérieux, et j'en extrais quatre poulets, deux jambonneaux, un saucisson, un gigot de mouton, un filet de bœuf, huit côtelettes, une belle tranche de veau, une douzaine de pains, quelques bouteilles de bordeaux, deux flacons de frontignan. Je n'oublie ni le café qui active la digestion, ni la fine champagne qui précipite le café. D'ailleurs, à l'exemple de nos bons Beaunois de tout à l'heure, j'ai mis en réserve, sous verre double, certain compatriote de la côte de Nuits venu en droite ligne avec moi de Bourgogne. Une ample gourde remplie d'anisette Brizard tempérera en chemin la crudité des sources. Si l'expédition a ses périls, elle ne courra pas du moins celui de mourir de faim ni de languir de soif; son *harnois de bouche* (j'adoucis l'expression de du Fouilloux) l'assure contre de telles éventualités.

Paré de ce côté, je consulte ma montre et le ciel. A la montre, il est huit heures; au ciel... l'heure du doute. Une vapeur glisse sur le pic de Sauvegarde. Ce n'est encore qu'un lambeau de gaze transparente, tout au plus de quoi faire un voile à ma jolie voisine; c'en est cependant assez pour obscurcir notre joie. Il est impossible désormais de répondre de la journée. Vers neuf heures, seconde vapeur, flottant cette fois dans la direction du lac d'Oo et s'installant au-dessus de la montagne de Superbagnères. Ce symptôme est plus mauvais encore, Séculéjo passant à juste titre pour la chaudière où s'élaborent les tempêtes. Et puis, coup sur coup, les nuées s'ajoutent aux nuées ; l'horizon passe insensiblement de l'azur foncé au gris tendre. Il est cependant bien tard pour reculer. Déjà deux cacolets gonflés de provisions diverses ont pris les devants sur le dos d'une jument que conduit un jouvenceau de la vallée. Les chevaux sellés et bridés piaffent à la porte. Mes trois guides, pique en main, fouet au flanc, solennels comme il convient à la circonstance, attendent sur l'allée. Les auspices ne sourient guère, j'en demeure d'accord ; l'almanach me rappelle que nous tenons un vendredi... Soit ! Si les poulets sacrés ont refusé de manger, on les mangera, voilà tout : il y a plus de deux mille ans que le consul Claudius Pulcher a donné la recette. D'ailleurs, frère capucin continue à jeter son froc aux orties avec une fermeté d'allures qui me rassérène tout à fait. Donc en selle, et en avant !

V

Midi sonne. Nous voici lancés, bride abattue, soulevant la poussière sous les seize pieds de nos chevaux, et recueillant sur le passage les encouragements plus sympathiques que rassurés des amis qui nous croisent. Nous passons devant la douane toute fleurie de balsamines, de roses et d'œillets. C'est le cas, tandis que nous laissons à gauche la tour sarrasine de Castelvieil, hantée de nuit par les gnômes, et que nos montures prennent le pas, de faire plus ample connaissance avec nos guides.

Salut d'abord à Charles, le tueur d'ours, à Charles au pied d'isard, au cœur de lion ! Qu'il s'agisse d'une perdrix blanche ou d'un pensionnaire de feu Martin, son plomb va droit au but. Il est grand, de taille élancée ; sa figure légèrement bistrée ne manque pas de noblesse. Le profil offre la pureté de lignes ordinaire à la race basque ; dans son œil mélancolique se reflète la résolution. Déjà quelques fils d'argent commencent à courir sous l'ébène de sa chevelure; mais tout annonce en lui la force à son apogée, le milieu du jour loin encore du déclin. A ses côtés marche Jean Redonnet, plus court, à la musculature plus accusée : une manière d'Hercule trapu, avec un visage rubicond et la physionomie avenante. Son sourire aux dents éclatantes vous attire, tandis qu'on se sent plein de respect pour les formes athlétiques qui se dessinent sous sa veste de velours. L'écharpe rouge qu'il porte à la manière du pays semble enserrer un chêne plutôt qu'un homme. L'apparence ici n'a rien de décevant; le hardi compagnon enlève une femme à bras tendu, et l'on crie involontairement quand, de bonne amitié, sa main serre la vôtre. Enfin, à trois pas en arrière suit Paul Redonnet, frère cadet du précédent. Un même coup de crayon peut suffire aux deux : qualités identiques, avec moins de relief. Tous les trois sont crânement coiffés du béret bleu si cher aux montagnards. Avec de pareils gardes du corps, on peut affronter l'horreur des précipices et courir les chances du vertige. Nous avons d'ailleurs réglé nos conditions à l'avance : excellente précaution pour ne point discuter plus tard. 15 francs par guide et par jour, 7 francs par jour et par cheval, plus les menus frais de cordes, de provision, etc. En tout une dizaine de napoléons d'or. C'est un prix très rémunérateur, bien qu'assez équitable.

Je ne m'arrêterai point à la description de la route qui conduit à l'hospice. Il n'est pas de jeune fille passant huit jours aux Pyrénées qui ne l'ait suivie une fois au moins, à cheval ou en voiture. Perpétuellement sillonnés de paniers et de cavalcades, on peut dire de ce ruban à flanc de montagne et de la vallée du Lys qui s'y rattache, que ce sont là les promenades par excellence de Luchon. Le chemin en effet a tout ce qu'il faut pour charmer : le silence mystérieux des bois, l'ombre des hauts sommets, le murmure lointain du torrent, les sauvages beautés de la nature sans les périls qui d'ordinaire les accompagnent. Comme l'allée d'un grand parc, il monte en pente douce à travers de magnifiques forêts de hêtres surplombant parfois très pittoresquement la vallée. Bientôt apparaît, avec son triangle aigu, la déchirure schisteuse qui de sa forme a pris le nom de *Pique*. Elle nous domine et semble nous jeter le défi. Nous ne le relèverons pas, s'il lui plaît. L'ascension en est périlleuse, ce qui ne nous intimiderait point; mais en outre elle est illusoire, attendu que, de sa pointe dominée de toute part, la vue ne garde qu'un champ fort limité. Son escalade est affaire d'amour-propre, bonne tout au plus à tenter un Anglais splénétique. A quelques centaines de mètres avant l'hospice, nous entendons un grand bruit :

« Alerte! alerte! — or çà, quel ouragan fait rage?
. . . .
. . . . Soudain un nuage a crevé
Gros de hennissements, de cris et de poussière.
Du fouet à grelots d'or la bruyante lanière
Siffle, éclate et fend l'air comme un losange en feu.
Du fer de vingt coursiers jaillit sous le ciel bleu
L'étincelle; le sol tremble; l'écho répète
De crêtes en ravins la folâtre tempête
Qui passe, entremêlant parmi ses tourbillons
Les panaches flottants et les gais carillons.
C'est une cavalcade et rieuse et fantasque,
Ce sont joyeux dîneurs qui s'en vont à Vénasque... »

ou plutôt à l'Entécade, dans l'intention de contempler de loin ce que nous allons étudier de près. Je me retourne et j'admire, pour mon plus grand profit,

« Pâle, cheveux au vent, à vingt pas de l'escorte,
Une blanche Willi que le plaisir emporte,
Son aigrette étincelle, astre du ralliment ;
Salut au colonel de ce beau régiment !
A travers la bruyère, à travers le bois sombre
Elle glisse ; on la suit comme on suivrait une ombre :
Plus prompt que l'alezan qui bondit sous sa main
L'éclair de son œil bleu dévore le chemin[1]... »

C'est la charmante marquise de T..., une belle aux cheveux d'or que sa monture semble toute fière de porter. Elle salue, en passant, du pommeau de sa cravache, et son mari, un de mes confrères de l'Académie des Jeux floraux — non le moins spirituel — me serre la main, en me souhaitant bonne chance. Allons, la rencontre est de favorable augure : elle ne peut que nous porter bonheur.

1. *Les Plaisirs de Luchon.* (VERGER D'ISAUNE, p. 154 et suivantes.)

VI

Il n'y a pas deux heures que nous avons quitté la maison, et déjà il faut s'arrêter. L'Hospice nous happe au passage; or, pareil à l'avare Achéron, il ne lâche pas sa proie. C'est là que Ramond passa deux si mauvaises nuits avec des muletiers, porteurs de laines, lorsqu'en 1787 il préparait son infructueuse tentative d'ascension aux Montagnes Maudites. On n'y couche plus, il est vrai, sur la terre humide, avec bêtes et bergers, dans la singulière promiscuité de la vie pastorale du bon vieux temps; l'ouragan en respecte à peu près les volets, et la pluie a cessé de filtrer sur les planchers au travers des ardoises disjointes... Mais ce n'en reste pas moins un singulier *hospice!* Si l'hospitalité y est montagnarde, à coup sûr elle n'est point écossaise. La moindre chope de bière, la plus modeste jatte de lait s'y paye au triple de sa valeur; le verre d'eau y est tarifé. N'y voulez-vous rien prendre, vous êtes à peu près libre, mais vos chevaux n'ont point cette faculté d'abstention. Pressés ou non, dispos ou fatigués, ils doivent y manger une avoine réparatrice... et salée. Je passe d'ailleurs sous silence une foule d'autres impôts dont cette masure demeure le prétexte : bêtes et gens y sont taillables et corvéables à merci. Et quand je parle ainsi, ce n'est point au fermier de la bicoque que je fais le procès. Celui-là, un brave garçon, autre frère de mon Redonnet — la famille Redonnet a été largement bénie par le Seigneur — celui-là, dis-je, paye à la ville de Luchon un loyer de dix ou douze mille francs, je crois ; il n'est que juste qu'il s'indemnise. Mon reproche passe par-dessus sa tête pour aller amicalement effleurer l'épiderme de la municipalité luchonaise. Fort intelligente d'ailleurs, celle-ci n'est-elle point quelque peu fiscale ? Elle me semble oublier parfois ce principe de saine thérapeutique, qu'il ne faut pas tuer les gens qui vous font vivre, alors surtout qu'ils viennent sous prétexte de guérison. Or si, financièrement, elle ne les égorge pas, elle les écorche bien un peu, comme Apollon fit du satyre Marsyas. Si du moins elle mettait bout à bout ces pièces d'argent sorties de poches résignées pour en dresser les brillantes colonnes d'un casino qui manque absolument aux baigneurs ! Mais non : qu'il soit question de l'hospice de Vénasque ou de l'auberge du lac d'Oo, qu'il s'agisse de la taxe des guides ou du tarif des chevaux également tombés en une regrettable désuétude, le touriste reste condamné au rôle de victime. Est-ce parti pris ? est-ce influence de voisinage, et voudrait-on, à l'exemple des Espagnols de Bosost, pratiquer sur les bourses pléthoriques le système de saignée du docteur Sangrado? Il me souvient qu'en ce taudis du val d'Aran est une posada SPÉCIALEMENT RECOMMANDÉE qui s'intitule : HOTEL DE FRANCE. La gargote est tenue par un long et maigre hidalgo, flanqué d'un gars bien en graisse, quelque chose comme don Quichotte et Sancho Pança. Le poing sur la gorge de leur hôte, ces honnêtes détrousseurs exigent, à l'occasion, *vingt francs* d'une tranche de pain, mouillée d'un verre d'ignoble piquette. Laissons à la catholique Espagne cette manière d'entendre le commerce, et ne tuons pas, à Luchon, la

poule aux œufs d'or en la forçant de trop
pondre. Soit renvoyé, pour examen, au lord
maire de la cité, à mon excellent ami et ancien
collègue du Corps législatif, M. Tron ! Il fait
lui-même trop courtoisement aux étrangers
les honneurs de sa somptueuse villa, pour
permettre que ceux-ci se courbent à tout pro-
pos sous les fourches caudines de prétentions
à la Samnite.

Pendant cette petite digression dont bon
nombre de baigneurs me sauront gré, les
bêtes ont achevé leur avoine. Derechef nous
chevauchons, ayant franchi le pont du torrent et grimpant à la file, le long des rocs
dénudés. Qu'ils semblent interminables ces
lacets, se dépliant et se repliant cent fois sur
eux-mêmes ! Il est vrai qu'ils mènent *au port
de Vénasque;* or Vénasque, pour la jeunesse
dorée d'Étigny, autant dire les colonnes d'Alcide ! M. Taine en fait une description dan-
tesque, et les bonnetiers de la rue Saint-Denis
qui l'affrontent une fois, parlent toute leur vie
des périls qu'ils y ont courus. L'excursion n'est
en réalité que mortellement ennuyeuse. Ainsi
qu'au noble jeu de l'oie, quelques stations,

avec l'anecdote obligée, la récréent bien de loin en loin. Ici une roche faisant illusion et qui, à raison de sa forme, s'appelle *l'Homme*; là, *le Trou des chaudronniers*, baptisé par le trépas de neuf malheureux Auvergnats qui, s'y étant engloutis un soir d'hiver, eurent tout le loisir jusqu'au printemps suivant de blanchir leur peau sous la neige ; puis quatre petits lacs superposés dont l'eau se déverse d'un bassin à l'autre, en affectant des colorations diverses, depuis le brun foncé jusqu'au bleu d'outremer. Mais tout cela n'est, à mon humble avis, que de la mesquine et aride nature.

« L'Hospice est dépassé... sur les flancs de la Pique,
Brûlant, dans les frimas, des ardeurs du tropique,
La caravane monte. En sinueux replis
Se roulent ses anneaux le long des blocs polis,
Tandis que près des lacs où dort une eau saumâtre,
De loin en loin le chant monotone du pâtre
Répond au cri de l'aigle et joue avec l'écho. »

Cette fois, *les ardeurs du tropique* s'éteignent sous l'haleine glacée du vent de bise. Des rafales qui me rappellent le mistral cher au Ventoux se mettent à nous secouer sur nos

chevaux, tandis qu'une pluie froide nous
fouette au visage. O le capucin de ma voisine!
Comme je lui laverai la tête à ce traître déca-
puchonné!

— « Le vin est tiré, me dit Charles.

— « Et il faut boire l'eau! » riposté-je.

Redonnet siffle ses bêtes, en les excitant de
la voix et du bâton. Les derniers contours,
rapides et serrés, sont franchis au trot : nous
touchons au port... de Vénasque, — ce qui
ne veut pas dire que nous soyons arrivés.
« Nous y trouvâmes, dit Ramond, un vent
des plus violents et des muletiers embar-
rassés ; nous les secourûmes, et nous nous
attendîmes les uns les autres, nonobstant ce
précepte cruel, fondé sur l'expérience des
dangers des ports, quand l'ouragan y règne :
*que là le père n'attend point son fils, et le fils
n'attend point son père.* » Il paraît que les
choses n'ont guère changé à notre profit,
depuis 1787. Entre Sauvegarde et la Mine

« Le roche se déchire, et, par ce trou béant,
De la Maladetta surgit le front géant! »

En deux bonds, nous franchissons l'entaille

faite jadis à la montagne par la Durandal de quelque Roland en fureur, à moins que ce ne soit par la pioche d'un comte de Comminges, et nous voici sur le sol d'Aragon. Nous n'avons mis qu'une heure de l'Hospice au port.

VII

Quelle admirable vue, si tant de fois déjà nous ne l'avions contemplée, si surtout nous avions le loisir des contemplations ! La Maladetta est là, devant nous, dans son âpre magnificence. Je retrouve dans ma mémoire les strophes que *le souci d'argent* récompensa jadis au Capitole de Toulouse, à l'époque heureuse pour l'auteur où des juges éminents couronnaient ses essais. L'exactitude descriptive est leur premier mérite ; la prose ne serre pas de plus près la réalité :

« Du fond des noirs ravins où l'Espagne commence
Se dresse un mont sauvage, éblouissant, immense,
Qu'en un jour de colère Encelade apporta,
Quand les Titans, aux cieux voulant livrer bataille,

> Cherchaient, pour y gravir, des degrés à leur taille :
>   C'est la Maladetta !

> « Vierge maudite ! spectre aux mamelles arides !
> Le bras d'un Dieu vengeur creusa d'ardentes rides
> A travers le granit de son flanc criminel ;
> Puis sur le foudre éteint a roulé l'avalanche,
> Et les hivers ont mis leur chevelure blanche
>   A son front éternel. »

Après avoir monté, voici que nous descendons pour remonter encore. N'est-ce point l'image de la vie ? A quelques centaines de mètres plus bas, nous nous heurtons à une cabane qu'habite un ermite franco-espagnol. Je n'hésite point à lui préférer les capucins de carton, si décevantes que soient leurs indications. Je me raccommode d'ailleurs avec le froc de ces derniers, depuis que les nuages se dissipent un peu et que le soleil recommence à luire. Quant au solitaire international, il ne me semble avoir d'autre objectif que l'escarcelle du touriste : rendre l'un plus dispos en allégeant l'autre, telle est sa fonction. Encore un droit — toujours des droits — que le passant a le devoir d'acquitter. Ce receveur de gabelle cumule d'ailleurs sa spé-

cialité avec le commerce du vin d'Espagne.
C'est assez du nécessaire, sans le superflu :
rebelles aux tentations du suresnes ibérique,
nous payons le *jus itineris*, et nous passons.
Le sentier est rapide et mauvais jusqu'au plan
des Étangs. On le voit serpenter le long d'une
roche blanche, à pâte friable, à vif éclat, fort
bien nommée *la Peña Blanca*. Ce n'est pas
précisément une route impériale (pardon !...
NATIONALE), pas même un chemin de moyenne
communication ; mais le décor indemnise largement de la gêne subie. A droite fuit le val
qui mène à la ville de Vénasque, avec les
montagnes d'Astos et le Posets, comme toile
de fond. Sur des plans plus rapprochés
s'étagent de magnifiques glaciers. Leur man-
teau d'hermine ondoie au dos des crêtes qui
couronnent la vallée du Lys. Puis apparaissent
le Perdiguères superbe, et la Tusse de Maupas
s'arrondissant dans le brouillard, et les pics
aigus du Port-Vieil. Vers la gauche, tout au
fond du plan des Aigouailluts, *le trou du
Toro* blanchit sous l'écume du torrent qui s'y
engouffre, tandis qu'un peu plus loin les cornes
de la Fourcanade se dressent vers le ciel, en

y déchirant un pan d'azur. Sauvegarde et la Mine surplombent nos têtes. Enfin, devant nous, *l'ennemi,* comme l'appelle Killough, c'est-à-dire le groupe des Monts Maudits, avec ses steppes neigeuses, infinies, sublimes !

Arrivés au dernier lacet du sentier, nous traversons un très-étroit vallon semé de pins frappés par la foudre ou brisés par l'avalanche. Sir Russel le compare à la vallée de Josaphat. En tout cas, les trompettes de l'archange ne troublent pas encore sa solitude : il y règne un silence de mort. A partir de ce moment, il nous faudra monter, et monter presque toujours jusqu'au Pont de Mahomet. Il ne s'agit provisoirement que d'atteindre la Rencluse, terme de notre première journée. Détestable jusque-là, le chemin devient horrible. Le paysage n'est guère plus séduisant. Ce ne sont qu'ondulations de terrain, à l'herbe courte et rude, que jonchent de rares sapins noueux, tortus, disloqués, dont les racines parfois tournées vers le ciel ont l'air de protester contre la fureur des autans. De maigres touffes de digitales pourprées, quelques aconits bleus apparaissent entre les pierres,

comme pour rompre la monotonie des teintes :
fleurs rares, hélas ! encore sont-elles empoi-
sonnées. O pelouses émaillées de l'Esquierry,
où êtes-vous? Le grand naturaliste de Luchon,
M. Fourcade, que je rendais si heureux
naguère en lui offrant un bel échantillon de
l'*Aster pyræneus,* rencontré dans le vallon de
Médassoles, aurait peine à remplir ici sa boîte
de fer-blanc. Au milieu de cette nature funèbre,
de vrais escaliers de roche doivent être parfois franchis. Les chevaux, pour vaillants
qu'ils se montrent et si sûr que soit leur sabot,
fléchissent, prêts à s'agenouiller; c'est le com-
mencement de la désolation :

« Ici l'homme s'arrête et la nature expire.
Le chaos est le roi de ce muet empire;
De grands blocs foudroyés en défendent l'abord,
Comme ces sphinx géants accroupis sur les tombes
Que l'Égypte asseyait au seuil des catacombes
          Pour protéger la mort.

« Adieu donc, frais vallons, prés verts, douces fontaines
Et toi que l'Apollon berce de ses antennes,
Fleur des sommets, iris éclos sous l'œil de Dieu :
Clochettes des troupeaux, chants du pâtre, harmonies
Que la montagne exhale en notes infinies,
          A vous encore, adieu !

« Car voici le séjour de l'âpre solitude !
Des troncs déracinés jonchent une herbe rude
Que la chèvre jamais n'effleura de sa dent,
Et rien ne trouble au loin cet effrayant silence
Que les échos du gouffre où l'Essera s'élance
      Avec un bruit strident[1]. »

Un dernier effort nous amène sur l'escarpement de la Rencluse, — 2,083 mètres au-dessus du niveau de la mer. Nous n'avons dépensé que quatre heures de l'établissement thermal à ce gîte nocturne. Cette rapidité est tout à fait inusitée, presque merveilleuse. Je ne m'en glorifie pas autrement ; la gent hippique s'en félicite moins encore, mais Redonnet rayonne.

VIII

La Rencluse est une sorte de petit cirque bordé de hautes roches, au fond duquel coule un torrent. Devant nous, une série d'assises géantes superposées forment une muraille immense. On se demande quel mortel, à moins

1. *La Maladetta*, ode couronnée, 1865.

d'être Encelade, — lequel rime d'ailleurs si bien avec escalade, — oserait tenter de franchir un tel obstacle. C'est pourtant par là qu'il faudra passer demain. Au-dessus de ce soubassement grandiose, les contre-forts des Monts Maudits se relèvent en ressauts rapides. A notre gauche, tournoie dans l'air un pic déchiqueté. Le torrent n'est autre que l'Essera dont les eaux laiteuses découlent des glaciers de la Maladetta proprement dite. Nous le traversons sur deux blocs écroulés entre lesquels les chasseurs ont couché un tronc d'arbre : pont assez primitif et qui rappelle, sans trop de désavantage, certain tourniquet des fêtes populaires au bout duquel un pâté constitue le prix de l'audace heureuse. Ici, le pâté, c'est l'hospitalité d'une nuit. Nos chevaux, qui ont trouvé un gué, sont délivrés de la selle et de la bride. Leur rôle est provisoirement fini ; ils vont paître en liberté l'herbe de la prairie, et vraiment ils ont bien gagné cette maigre provende.

— « Maintenant, monsieur, entrons au salon ! »

La voix de Charles m'arrache à la contemplation. Va pour le salon ! Cette pièce mérite d'ailleurs aussi justement son titre que le tronc d'arbre celui de pont. Imaginez un petit mur de pierres sèches à hauteur d'homme, enfermant cinq ou six mètres carrés de terrain, et n'ayant pour toit qu'une sorte d'auvent formé par l'encorbellement d'un roc d'une trentaine de pieds dont le sommet surplombe avec une incroyable hardiesse. A voir ce bloc énorme s'incliner ainsi, on dirait que lentement il va se refermer, comme la pierre d'un tombeau, sur la tête de l'imprudent qui lui demande abri. Son aspect est imposant. Les ans l'ont noirci, et plus encore la fumée des bois résineux qu'on y brûle. De son front pend, à moitié déraciné, tordu, foudroyé, un pin en détresse qui semble tomber et, dans sa chute, battre l'air de ses rameaux désespérés. Des infiltrations ont pénétré son flanc ; elles coulent goutte à goutte, telles que les pleurs d'une nymphe qui présiderait à ces solitudes désolées. Le torrent gronde à quelques pas au-dessous.

Tandis que j'examine *le salon,* Charles prépare le lit. Aidé de ses compagnons, il essarte

les sapins du voisinage. Par leurs soins le sol
est capitonné d'une couche épaisse de ce feuil-
lage toujours vert. La nature nous prête un
matelas économique ; nous avons d'ailleurs
apporté les couvertures. Mais plus que le lit,
plus que le souper, un bon feu est nécessaire
par une fraîche nuit de septembre, au seuil
des neiges éternelles. C'est ce que compren-
nent mes guides, et les voilà s'élançant à
l'envi, cognée au poing, vers les escarpements
qui dominent la Rencluse. Le bois ne coûte
ici que la peine de l'abattre, les agents fores-
tiers d'Amédée Ier ne se montrant guère en ces
parages ; seulement, force est d'aller le chercher un peu loin, ou plutôt un peu haut.
Outre que de tout temps il fut rare, les voyageurs, depuis quinze ans, ont pratiqué des
coupes blanches sur les pentes les plus rap-
prochées. Je suis de l'œil mes bûcherons
improvisés qui bientôt atteignent au bon
endroit. Chacun choisit sa victime et s'élance
sur elle. Suspendus comme des écureuils aux
maîtresses branches, ils s'en donnent à plaisir.
A grand renfort de bras, l'acier fait son
office. Le tranchant mord l'écorce, la lame

pénètre l'aubier et entame le cœur; un à un tombent les rameaux, les troncs sont ensuite attaqués. Avec cent modulations bizarres les échos répètent le bruit sourd des coups. Il semble que la montagne se plaigne de la profanation dont elle subit l'outrage. Déjà plusieurs sapins ont mesuré le sol; c'en est assez pour l'usage d'une nuit. Il s'agit maintenant de rapprocher le combustible du foyer. Par les voies ordinaires une journée n'y suffirait point; heureusement le montagnard a des procédés plus expéditifs. Les centenaires abattus sont poussés jusqu'à l'escarpement, et puis, un bon élan! Les lois de la pesanteur se chargent du reste. De cent mètres de haut ces troncs énormes tombent. Ils roulent, ils bondissent, s'arrêtant parfois pour rebondir encore, et arrivent ainsi, de chute en chute, meurtris et palpitants, au pied du petit tertre où je suis assis. On dirait d'un tonnerre grondant, troublant le silence par d'étranges mugissements. Une demi-heure à peine s'est écoulée, et nous voici à la tête de plusieurs stères d'un bois sec, grâce auquel nous n'aurons rien à redouter de l'âpreté de la nuit.

Cependant je procède à une reconnaissance des lieux. Dans le triste gazon qui pousse au bord du torrent, je récolte avec plaisir quelques aconits jaunes, de petites marguerites des prés, des myosotis. En descendant un peu sur la gauche, j'arrive vers une sorte de grotte à parois quadrangulaires qui semblent taillées à pic. C'est là que, par une cavité dissimulée sous le roc et dont nul mortel n'a jamais sondé les profondeurs, se perd l'Essera. On l'appelle le gouffre de Turmon. Le torrent glisse ainsi sous terre et ne reparaît qu'au vallon du plan des Étangs, près de la douane espagnole, puis coule dans l'Èbre jusqu'à la Méditerranée. Ainsi fait, de l'autre côté de l'arête, la Garonne, sœur jumelle de l'Essera, qui, descendant du Néthou, s'abîme dans le trou du Toro, et ressort, quatre kilomètres plus loin, au Goueil de Jouéou, pour continuer sa course tourmentée ou paisible le long du val d'Aran et finalement s'engloutir dans les flots de l'Océan. Ces deux torrents au cours un instant parallèle, puis à jamais désunis, ne sont-ils point l'image de certaines destinées? Que d'amis, ayant suivi de compagnie la route paisible des années d'études, se quittent un matin, espérant se rejoindre avant le soir ! Le sort, qui n'en a point ainsi décidé, insensiblement les pousse par des pentes opposées ; déjà ils sont séparés par plus d'un mont, par bien des plaines, quand, détournant la tête, ils cherchent à se saluer encore : vain effort ! à chacun sa voie, épineuse ou fleurie, à chacun ses horizons ; chaque pas qu'ils font ajoute à la distance qui les éloigne ; et quand il a neigé sur leurs tempes, lorsque sous les vents d'automne est tombée la meilleure part d'eux-mêmes, comme la Garonne et l'Essera ils disparaissent un jour, loin l'un de l'autre, à travers la grande immensité. Eux seulement, ils ont espoir de se retrouver dans le sein de Dieu !

IX

Charles, qui m'a rejoint, me distrait de mes réflexions par le récit d'une série d'histoires d'ours à faire dresser les cheveux sur le chef le plus intrépide. A l'époque de Ramond, les bois qui avoisinent l'Hospice de Luchon en recélaient un assez grand nombre. Depuis, ces friands de miel ont reculé les limites de leurs domaines : par contre, leur férocité s'est accrue, paraît-il, en raison inverse de leur multiplication. L'illustre voyageur nous les peint en effet comme de bonnes bêtes à chasser sans péril, fuyant le feu et craignant les chiens... quelque chose comme des pensionnaires du seigneur Lagingeole, tout prêts à offrir leur tête au premier Shahabaham venu.

Que les temps sont changés ! Depuis 1789, il y a eu sans doute, en ce pays, une proclamation des droits... de l'ours sur la peau humaine, et la gent velue en use largement. Le cirque où nous nous trouvons est l'arène favorite de ces lourdes bêtes. C'est avec l'une d'elles, ici même, au pied du pic aigu de la Rencluse, que le hardi chasseur qui me parle s'est trouvé face à face. Il venait d'abattre un coq de bruyère et rechargeait paisiblement son arme, lorsqu'un ours énorme, sortant des pins, paraît à l'improviste. Le gracieux compère se tenait debout, marchant sur les pattes de derrière, à la façon des animaux savants. Charles glisse en hâte deux balles dans les canons de son fusil, et paf! du premier coup, perce son vis-à-vis. Un jet de sang atteste la justesse du tir, mais le blessé n'en continue pas moins sa course sur l'ennemi.

— « Il est perdu! » s'écrient tout tremblants deux compagnons de Charles, malheureusement trop éloignés pour lui porter secours.

— « Pas encore... » répond celui-ci, et au moment où la large griffe de l'ours va s'abattre, un second coup de feu étend roide à terre son propriétaire. Bonne capture, en vérité, car sans compter la chair qui se mange et la graisse, joie des parfumeurs et des rhumatisants, une belle peau d'ours se vend 250 ou 300 francs chez Sarthe, l'habile empailleur de l'Allée d'Étigny.

C'est encore dans ce cirque qu'un adolescent, presque un enfant, surpris à l'affût, déchargea, à bout portant, son fusil dans la gueule d'un de ces carnassiers qui l'ouvrait toute grande à d'autres intentions. Le plomb fut d'une digestion si pénible au glouton, qu'il ne prit oncques d'autre repas.

Mais la légende la plus palpitante est celle de la fille du chasseur enlevée par un ours de haute taille, sous les yeux mêmes de son père, à quelques centaines de pas de la Rencluse. L'innocente bachelette butinait des fleurs à travers ces solitudes, quand un fauve de la grande espèce se jette sur elle. A ses cris déchirants accourt le père. Il tient sa carabine, et s'apprête à faire justice du ravisseur ; mais chaque fois que le canon s'abaisse, l'animal, admirable instinct de la conservation ! se sert de sa proie comme d'un bouclier, la présente au feu et recule à grands pas. L'enfant, par des gestes suppliants, semble implorer le père, afin qu'il ne tire point. Combien cette scène émouvante et terrible se prolongeat-elle? des minutes qui durent sembler des siècles. Le chasseur n'était point un Guillaume Tell ; l'émotion voilait son œil, l'arme lui tremblait dans la main... Enfin, l'ours reculant toujours devant le père qui toujours avançait, perdit pied soudain et s'abîma au fond d'un précipice, entraînant sa victime dans une même chute et dans un même trépas. *Se non è vero, ben trovato.*

X

Pendant que Charles me régale de ses tra-giques récits, le jour est tombé : nous regagnons l'abri de la Rencluse. Tout à coup je trébuche dans une masse noire qui se relève d'un bond. Ma mémoire est si fraîchement peuplée de silhouettes d'ours, que je crois voir un de ces plantigrades se dresser devant moi. J'ai déjà la main sur mon revolver, quand je reconnais que la peau de la bête n'est autre que la veste en velours de Redonnet. Le brave garçon était occupé à improviser à terre un bûcher digne de ceux de Didon ou de Sardanapale. Des moitiés de sapins entre-croisés n'attendaient que l'étincelle ; une allumette les touche : le bois sur qui ont passé tant d'étés commence à pétiller. Des spirales de fumée s'élèvent, faisant bientôt place à une flamme claire et vive qui lèche la paroi du rocher. Nous débouclons les cacolets, nous interrogeons leurs entrailles : pains, viandes, bou-

teilles aux larges panses s'étalent autour de
nos siéges rustiques. L'air de la Rencluse nous
a mis en appétit. Charles excite encore le sien
en dévorant quelques champignons sauvages
qu'il a préalablement fait griller sur des char-
bons et saupoudrés d'une pincée de sel. Nous
soupons joyeusement,

Car si la gloire est d'or, l'appétit est d'argent.
On s'assied : le velours des lichens sert de nappes ;
La gaîté qui préside aux rustiques agapes,
Des coupes où s'endort le souvenir des maux
Fait déborder la mousse et couler les bons mots.
Le sel gaulois scintille en manière d'épices :
On raille les sommets, on rit des précipices,
Encelade est traité de fat et de poltron,
Et l'on dirait son fait à l'avare Achéron [1].

Au dessert, le jeune gardien des chevaux,
Ladevèze, se met à moduler de sa voix bien
timbrée une douce cantilène du pays dont les
premiers couplets sont attribués à Gaston de
Foix :

Aqueros mountagnos qué ta haoûtos soun,
Aqueros mountagnos qué ta haoûtos soun

1. *Les Plaisirs de Luchon.*

M'empachon dé bézé mous amous oun soun
La, la, tra la, la, la, la, etc. (*Refrain*).

Haoûtos b'én soun haoûtos bé s'abacharan,
Haoûtos b'én soun haoûtos bé s'abacharan,
Las mios amouretos bé s'aproucharan.
La, la, tra la, la, etc.

B'en soy pétitôto, lou boun Diéou abbo,
B'en soy pétitôto, lou boun Diéou abbo,
Scarrabeilladòto coum un parpaillo.
La, la, tra la, la, etc.

Péchét, péchét oueilletos, péchét douçomén,
Péchét, péchét, oueilletos, péchét douçomén ;
Bous léchi soulétos per un soul moumén.
La, la, tra la, la, etc.

E las hénnos vieillos aymoun lou bin blanc,
E las hénnos vieillos aymoun lou bin blanc,
E las jouénos hillos aymoun lous galans.
La, la, tra la, la, etc.

Sé sabioy dé la bézé, dé la réncountra,
Sé sabioy dé la bézé, dé la réncountra,
Passarioy léou l'aygo, s'en sé mé néga.
La, la, tra la, la, etc.

Es péchés dius l'aygo, las taoûpos as prats,
Es péchés dius l'aygo, las taoûpos as prats,

Las hénnos aoûs hômés, las hillos aous goujats.
La, la; tra la, la, etc.[1].

1. Voici la traduction littérale de ces tercets naïfs :

Ces montagnes qui sont si hautes,
Ces montagnes qui sont si hautes,
M'empêchent de voir où sont mes amours.
La, la, tra la, la, etc.

Hautes, quoique hautes, elles s'abaisseront,
Hautes, quoique hautes, elles s'abaisseront,
Et mes amourettes se rapprocheront.
La, la, tra la, la, etc.

Je suis toute petite, le bon Dieu le veut,
Je suis toute petite, le bon Dieu le veut,
Mais tout éveillée, comme un papillon.
La, la, tra la, la, etc.

Paissez, paissez, petites brebis, paissez doucement,
Paissez, paissez, petites brebis, paissez doucement ;
Je vous laisse seulettes pour un seul moment,
La, la, tra la, la, etc.

Et les vieilles femmes aiment le vin blanc,
Et les vieilles femmes aiment le vin blanc,
Et les jeunes filles aiment les galants.
La, la, tra la, la, etc.

Si je savais de la voir, de la rencontrer,
Si je savais de la voir, de la rencontrer,
Je passerais vite l'eau, et sans me noyer.
La, la, tra la, la, etc.

Les poissons dans l'eau, les taupes aux prés,
Les poissons dans l'eau, les taupes aux prés,
Les femmes aux hommes, les filles aux garçons.
La, la, tra la, la, etc.

Je me laisse délicieusement bercer à ces gazouillements du tenorino, et, tout en humant un verre de chartreuse, je trouve je ne sais quel charme indéfinissable à entendre ses compagnons reprendre, en tyrolienne, les dernières notes du refrain. Tandis que ces volées d'accords joyeux montent vers le ciel avec les flammes de notre homérique brasier, je redescends auprès du torrent. L'effet du décor, à distance, est saisissant. On dirait une scène à la Rembrandt. Ces quatre hommes assis sous une roche, autour d'un grand feu, dans cette solitude immense, avec leurs visages réjouis sur lesquels cinq à six flacons de bourgogne mariés à quelques coups de vin d'Espagne ont laissé leurs rubis, ressemblent plus à des bandoleros en retour d'expédition qu'à d'honnêtes montagnards s'apprêtant à escalader un pic. Si vigoureusement ils se détachent en lumière sur les teintes sombres de la Rencluse, leurs poses sont à ce point harmonieuses et les accessoires si bien teintés de couleur locale, que la main d'un Gherardo *dalle notti* manque seule pour en faire un délicieux tableau. Moins heureux que Charles-Quint qui n'avait qu'à se baisser pour ramasser le pinceau du Titien, je n'ai pas chance de trouver parmi les herbes la brosse de l'artiste d'Utrecht. Aussi, à défaut d'Honthorst absent, ce que j'ai décidément de mieux à faire est de rentrer dans la caverne de Gil Blas pour tâcher d'y prendre quelque repos. Le bonsoir dit, je m'étends sur mes bourgeons de sapin, couche plus hygiénique assurément que moelleuse, les pieds dans ma couverture, la tête sur une saillie du rocher. Ainsi que Jacob, j'ai une pierre pour traversin : puissé-je, comme lui, sommeiller au bruissement d'ailes des anges, l'âme flottant sur leur échelle d'or ! Il me faut avouer que je dormis de façon moins séraphique. L'état du temps ne me laissait pas sans inquiétudes. De gros nuages noirs couraient dans le pan de ciel découpé par les cimes d'alentour. Si les brouillards allaient monter et la pluie descendre ! un jour de marche à travers monts, une nuit d'insomnie dans le creux d'une pierre, pour un tel résultat ! c'eût été désastreux. Parfois un léger coup de vent balayant ces vapeurs découvrait un azur pailleté d'étoiles : je me rendormais, et je rêvais de sommets escaladés, de soleils éblouissants. Parfois, entr'ouvrant à demi la paupière, je ne voyais plus que la nuit, la nuit sombre, profonde. Il me semblait alors que, s'affaissant vers le sol, le rocher pressait ma poitrine : je me débattais sous l'étreinte du cauchemar, et je me réveillais la sueur au front. C'est dans ces alternatives de crainte et d'espoir que le temps s'écoula. Or les nuits sont déjà longues au 15 septembre !

Vers cinq heures, l'aube semble blanchir les crêtes voisines. Le ciel est serein, sous la réserve de quelques nuages. « En route ! » nous écrions-nous tout d'une voix. En cinq minutes nous sommes prêts, moins l'aîné des Redonnet toutefois qu'une ruade vigoureuse reçue au flanc, tandis qu'il a voulu s'interposer dans une mêlée de nos chevaux, forcera bien malgré lui de garder la Rencluse. Cet accident nous attriste : il nous prive d'ailleurs d'un précieux auxiliaire. Enfin, vaille que vaille, il faut se mettre en marche. Nous partons légèrement lestés d'une tasse de café noir. Homme de précaution, Charles a enfermé dans son bissac un en-cas composé de volaille froide et de vin généreux. C'est lui qui ouvre

la marche ; il sera le guide de la petite caravane réduite à sa plus simple et indispensable
expression, trois personnes.

XI

Nous traversons à nouveau le torrent, le
corps en équilibre sur le sapin renversé, et
aussitôt l'ascension commence. Nous voici
plantant le bâton ferré dans ce mur de roches
et de gazon qui, de loin, semble se dresser à
pic. Même de près, l'inclinaison demeure très-
accentuée. A cette époque de l'année sont fon-
dues les couches de neige qui, en juin et juillet,
alternent avec le granit. Vingt filets d'eau
divers sillonnent ce plan incliné ; ils se réu-
nissent parfois pour former une petite cas-
cade. Bientôt nous dominons un joli lac que
nous laissons sur notre droite. Son eau, tour
à tour translucide ou opaque, selon le caprice
des jeux de la lumière, ressemble à du jade
en fusion. Je retrouve son image fidèle dans
cette description tracée, il y a près d'un

siècle, par le crayon d'un maître : « ... Les neiges étaient suspendues sur nos têtes, et la verdure, les fleurs et les ruisseaux étaient bien loin de notre pensée, lorsqu'une petite plate-forme, tout entourée des menaçantes ruines qui l'ont respectée, me présente le riant spectacle d'un petit lac dont les bords, tapissés du gazon le plus frais, sont ombragés par une touffe de pins de la plus petite stature. C'est le dernier refuge de la végétation et le plus secret des réduits; l'univers disparaît, au moment qu'on y entre; il semble l'unique reste d'un monde enseveli sous ses propres débris[1]. » — Nous n'y jetons qu'un regard, et, le pied sur les anfractuosités glissantes, la main dans les touffes d'herbe que nous pouvons saisir, nous tendons vers notre premier objectif, à savoir la crête de l'arête rocheuse aux colorations rouge sombre qui sépare les glaciers de la Maladetta proprement dite de ceux du Néthou. Naguère on la côtoyait, en cheminant parallèlement à ses flancs, comme si on eût voulu atteindre aux glaciers de droite;

1. *Observations faites dans les Pyrénées,* par Ramond, Paris, 1789.

puis, vers le milieu du parcours, on inclinait brusquement à gauche pour s'engager dans une brèche débouchant sur l'autre versant. C'est ce qu'on appelle le passage du *Portillon*. La mode se glisse partout; les ascensions elles-mêmes n'échappent point à ses lois. Aujourd'hui les guides du progrès ont *inventé* un nouveau chemin. Son mérite est, à mon sens, d'être plus pénible. Je me fais donc un devoir de le déconseiller absolument aux touristes. Quoi qu'il en soit, nous atteignons l'arête. Devant nous se déroulent des steppes de neige, avec la cime superbe pour couronnement. Un cri de désappointement échappe à mes guides : sa pointe s'émousse sous un voile de brume ! pareille mésaventure m'était arrivée au Vésuve, deux ans plus tôt. Nous nous sommes cependant trop avancés pour reculer; le soleil ou l'éclair peuvent d'ailleurs soudainement illuminer le nuage : *go ahead !*

Arrivés à ce point, nous devons cheminer à travers un écroulement de roches gigantesques, vrai chaos que la main du temps a fait rouler des hauteurs voisines. L'exercice est laborieux. Force nous est de bondir d'un bloc à l'autre,

à la mode des isards : si le pied nous glisse,
nous risquons l'entorse, voire même une frac-
ture, sans compter les hasards de cavernes
béantes où le sauteur maladroit peut disparaître tout entier. Après une bonne heure de
cette gymnastique périlleuse, nous commen-
çons à rencontrer de vastes plaques neigeuses,
puis de vrais glaciers. Par instants, dans le ciel
obscurci voltigent quelques flocons : la nuée
qui ceint le Néthou s'épaissit, tandis que
l'horizon demeure dégagé du côté de la France.
Signe de beau temps, affirment les guides. De
toutes parts apparaît à l'œil un troupeau de
montagnes s'étageant à miracle, et courant
des Hautes-Pyrénées jusqu'à l'Ariége et aux
Pyrénées-Orientales. Teintées de noir, elles se
détachent en vigueur sur le ciel. Il est huit
heures vingt-cinq minutes. Nous sommes en
présence des grandes glaces, vaste mer de
frimas que n'interrompra plus aucun continent.
Afin d'en mieux triompher, Charles et Paul
se cuirassent l'estomac d'une aile de volaille
fortifiée de deux verres de vin. Pour moi, loin
d'être en appétit, je sens le sommeil me gagner,
le sommeil des neiges, celui dont nos soldats

ne se réveillaient plus aux rives de la Bérésina. Pesant, dominateur, presque invincible, il s'impose aux paupières; il faut énergiquement le combattre, à peine d'y succomber. Les chasseurs d'ours l'ont appelé d'un nom expressif : « le mal de montagne ». Je demande un peu d'eau; mais rien de plus rare parfois au milieu des glaces. Les guides savent bien qu'une fontaine se trouve aux environs : seulement, la neige récemment tombée l'a ensevelie. L'impatience me gagne, je frappe au hasard le névé qui se dérobe sous les coups, et je retire mon bâton tout ruisselant. Quoi d'étonnant? Il est de coudrier, et, par ainsi, fait son office de baguette divinatoire. Moïse et l'abbé Paramel m'ont été propices : grâces leur soient rendues! oui vraiment, je viens de faire jaillir la source désirée : c'est bien elle que nous livre un hasard heureux. Cette fois, la colère a été meilleure conseillère que la patience. Charles puise dans ma coupe de nacre quelques gorgées d'une eau délicieuse dont nous rafraîchissons nos lèvres. Il en est besoin, car nous allons inaugurer la série des difficultés réelles.

Pour première précaution, nous déroulons la corde dont nous nous sommes munis, nous nous en formons une ceinture autour du corps et nous nous attachons fortement l'un à l'autre, avec un jeu de quatre mètres environ. Ainsi solidaires désormais, nous atténuons largement les chances de disparition. Supposons en effet que l'un de nous s'enfonce à l'improviste dans une crevasse recouverte de neige; les deux autres se jetant aussitôt à terre, en arrière ou en avant, selon qu'ils sont placés, impriment une tension énergique à la corde et arrachent de sa trappe glacée l'infortuné Bertram en voie de descente. Ce soin pris, et attaquant la montagne transversalement, nous nous mettons en route dans l'ordre qui suit : Charles devant, frayant la voie et sondant les fissures; moi au milieu; Paul Redonnet derrière. D'abord le champ de neige s'offre à nous éblouissant, uni comme un miroir. Nous n'en marchons guère plus vite pour autant. Les flocons abondamment tombés durant la dernière huitaine et congelés à demi offrent au pied une résistance incomplète des plus fatigantes. Tantôt leur couche nous porte, tantôt elle se rompt, et la jambe disparaît jusqu'au genou. Rien de plus laborieux que l'effort continu que nécessite pour avancer cet état spécial du glacier. A peine s'est-on délivré d'un côté, qu'on s'engage de l'autre. Mais ceci n'est rien encore. Nous ne tardons pas en effet à rencontrer de perfides crevasses. Si beaucoup d'entre elles n'offrent que deux ou trois mètres de large, la plupart en ont cent de profondeur ; plusieurs sont insondables. Penché sur le bord de ces fentes à vives arêtes, frissonnant de l'horreur sacrée dont parlent les anciens, je prends un âpre plaisir à plonger l'œil dans leurs abîmes. Parfois c'est la nuit qu'elles enferment ; parfois aussi, à la faveur d'un rayon de soleil égaré dans un interstice, apparaissent de vrais palais de fées. Toutes les nuances du prisme se jouent à travers les stalactites gigantesques qui leur servent de colonnes : l'émeraude y marie ses reflets à ceux du rubis, et l'éclat du diamant s'y colore des feux entre-croisés de la topaze et du saphir. C'est sans doute dans un de ces palais de cristal qu'habite la vierge maudite, la Maladetta. Fort peu désireux de nous en assurer, nous contournons les gouffres, non sans en avoir sondé l'approche du bout de nos piques. Tout à coup un cri m'échappe : la croûte glacée s'est effondrée sous moi, le sol me manque absolument et j'éprouve l'indéfinissable sensation du vide. Déjà j'ai disparu jusqu'à la ceinture, quand Paul et Charles, exécutant avec précision le mouvement ci-dessus relaté, tendent vigoureusement la corde et me font rebondir de la fosse, à la manière d'une balle élastique. Décidément l'opération de la ligature n'était pas la précaution inutile. Jusque-là d'ailleurs, la température reste fort douce. Souvent la bise nous traverse d'un coup d'aile un peu frais, mais l'impression ne dure pas. Nous marchons toujours, continuant à laisser une trace en zigzag sur la déclivité immense. Les crevasses ont à peu près disparu ; en revanche, les pentes se redressent. Nous avançons, tandis que, par un phénomène d'optique bien connu des coureurs de montagnes, le sommet semble fuir devant nous.

XII

Déjà nous touchons au lac Coroné, séjour des bourrasques et des rafales. On nomme ainsi un gouffre de frimas aux bords escarpés, vrai cratère béant où la glace tient lieu de lave. Au fond dort une flaque d'eau presque toujours congelée. Voilà ce qui reste d'un ancien lac effondré dont l'engloutissement a produit ce trou. C'est près de là que disparut pour jamais le guide Barrau, ce Jacques Balmat du pays basque. Alors on n'avait point découronné de son prestige la joungfrau pyrénéenne : nulle violence humaine n'en avait encore défloré la virginité. Plein de l'espoir qui poussa en avant les Colomb et les Gama, Barrau s'avançait sous un soleil radieux qui semblait lui promettre le succès. Mais, plus téméraire que ses compagnons, il avait tenu à honneur de ne point se lier à leur corde. Il marchait seul, en tête de la caravane, fredonnant quelque gai refrain, quand tout à coup, vers l'endroit même où nous passons, la glace cède sous ses pas. Il pousse un cri : déchirante clameur que les échos répètent au loin. Ses amis accourent, se penchent sur les bords de l'horrible hiatus ; ils aperçoivent l'infortuné luttant et se débattant, mais ne peuvent le saisir. Semblable à ces pêcheurs de la plage qui s'enlizent dans les sables mouvants, l'imprudent s'abîme lentement : pendant plusieurs minutes sa voix retentit aux oreilles de ses amis, puis un gémissement plus sourd répond à leur appel... puis, plus rien! ni les adjurations ni les efforts ne manquèrent : en vain on jeta des cordes dans ces profondeurs inconnues ; en vain toute une armée de travailleurs venue de Luchon essaya-t-elle le lendemain de retrouver le cadavre, à défaut de l'homme. Les glaciers ne rendent leur proie qu'à un demi-siècle de date, quand ils la rendent. Jusqu'ici le Néthou a retenu la sienne, comme le Mont-Blanc garde Balmat. Le fils de Barrau, très-jeune alors, aujourd'hui l'un des meilleurs guides du pays, sent l'émotion lui briser le cœur, chaque fois que passant sur la tombe de la chère victime, il évoque ce souvenir sombre.

— « Bah ! dis-je à Charles, c'est une belle sépulture, après tout ! Barrau mort dans sa chaumière eût été confié à la terre humide, entre quatre ais de sapin. Sous une pierre qui eût marqué sa place, les vers auraient vilainement fait leur œuvre. A cette heure, le bruit des cavalcades passant le long des murs du cimetière troublerait son sommeil... Tandis qu'ici sur un lit de glace transparente repose, pour des siècles peut-être, son corps demeuré vermeil : les soupirs de la tempête bercent ce dormeur qui ne vieillira pas, et de quarante lieues à la ronde apparaît son mausolée superbe. Qui sait même si, au fond de ces demeures irisées, il n'a pas trouvé pour lui souhaiter la bienvenue quelque ondine à l'œil bleu dont les tresses d'or, s'épanchant en ondes soyeuses sur d'éblouissantes épaules, lui font une de ces douces chaînes qu'on ne cherche point à briser?... »

Charles ne me paraît que médiocrement convaincu par le lyrisme de ma démonstration.

— « Une demi-heure encore, me répond-il,

et nous arrivons. » — Le brave garçon comp-
tait sans l'imprévu : or, en matière d'ascensions, l'imprévu est surtout ce qu'il faut pré-
voir. A notre gauche, pyramide un empâtement
de roches verticales où la neige ne peut tenir,
vu l'inclinaison. C'est par là qu'il y a deux
semaines, une compatriote de Clémence Isaure,
costumée et bottée en guerre, a escaladé le
pic. La surface du glacier était devenue telle-
ment dure et lisse, à la suite d'une série de
fontes et de congélations successives, que la
route habituelle demeurait fermée. La jeune
Mme D... ne balança point : elle s'en prit au
chemin qui jadis avait rebuté M. de Franqueville lui-même, et, une fois de plus, raya du
dictionnaire le mot *impossible*. Il est vrai que
la courageuse amazone venait de tenir cam-
pagne sur les bords de la Loire. Aux côtés de
son mari, elle avait bravé les feux du Prus-
sien : la glace n'était point faite pour l'épou-
vanter. Plus classiques, favorisés d'ailleurs
cette fois par la neige récente, nous contournons le pic en attaquant *le Dôme*. A ce moment,
le glacier se redresse avec une brusquerie
vraiment effrayante. Il me semble remonter

les pentes d'un toit. La neige plus épaisse sous le pied nous engloutit souvent jusqu'à mi-corps : l'effort nécessaire à nous dégager nous brise, la soif nous dévore. De vives bluettes se croisent devant nos yeux, jaillissant de la contemplation forcée de cet océan livide. Puis ce sont des spasmes, des contractions du cœur : un malaise général, auquel les guides eux-mêmes n'échappent pas, nous envahit. Tel, dans le cabinet d'un physicien, le passereau commence à battre des ailes sous le jeu de la machine pneumatique. Décidément les souffrances de l'air raréfié, sur les sommets, ne sont point un mythe. Au bout de quarante-cinq minutes de ces épreuves, nous touchons au but. Enfin !

Il est dix heures, nous nous détachons l'un de l'autre, et tout en dénouant la corde :

— « Te voilà donc, sommet maudit ! s'écrie Charles ; tu nous as fait assez peiner, mais tu fuyais en vain : nous te tenons ! »

Pas tout à fait. Le Néthou va brutalement riposter à ce débordement d'interpellations victorieuses. Nous ne tenons que la fausse cime ; derrière elle se trouve un second pic,

un peu plus élevé, — le vrai, le seul Néthou.
On n'y arrive qu'en franchissant le fameux
Pont de Mahomet. Je ne sais si jadis le pro-
phète avait accoutumé de choisir de sem-
blables chemins, mais, en ce cas, je crois
pouvoir affirmer que, pour s'y maintenir, les
sabots de sa mule devaient être ferrés d'ai-
mant. Je nommerais plus volontiers ce défilé
le chemin du paradis, tant il est laborieux !
Qu'on se figure une arête de granit extrême-
ment étroite, déchirée par la foudre, minée
par les hivers. C'est sur cette scie aux dents
branlantes, de trente mètres de long sur deux
pieds de large, qu'il s'agit de se risquer. A
droite et à gauche, le vide ; au fond, à trois
mille pieds plus bas, des roches aiguës qui
attendent, pour la mettre en pièces, la proie
que leur jettera le vertige. « Bien des touristes
s'arrêtent là », dit l'auteur des *Grandes Ascensions*. Je l'admets sans peine. Même — dussé-
je manquer aux lois de la galanterie — je commence à me défier un peu, sur ce point, des
exploits de la plus belle partie du genre humain.
Jupes, crinolines ou tournures me semblei ient
fort dépaysées à cet endroit. En revanche,

j'ai lu avec stupéfaction, dans le même
Killough, « qu'un hardi montagnard trouve-
rait le moyen de descendre ces précipices, s'il
le fallait absolument ». Descendre ! sans doute
à la façon d'une pierre qu'on lance ? Sir
Russel reconnaît d'ailleurs que la mort serait
certaine si l'on y tombait. Je le crois bien :
c'est chair à pâté, anéantissement qu'il convient
de dire, non pas mort seulement. Je ne sache
guère qu'un condamné à la peine capitale qui
pût tenter l'aventure, et j'estime qu'il n'y
aurait de changé à son profit que le mode
du supplice. Autant vaudrait pour un pilote
lancer sa barque sur la chute de la Handeck
ou dans la poudre écumeuse du Madésimo.
J'imagine plus volontiers, l'ayant éprouvé
moi-même, le vif désappointement, — disons
mieux, — la stupéfaction qu'éprouvèrent Franqueville et Tchihatcheff, la première fois qu'ils
se trouvèrent en présence de ce passage dia-
bolique. Ils croient être arrivés : ils aperçoivent, à une cinquantaine de pas, la dernière
aiguille à gravir, haute d'une dizaine de mètres
à peine. Jeter précipitamment leurs cordes et
s'élancer à l'envi est pour eux l'affaire d'un

moment; puis le pas hasardeux apparaît : ils s'arrêtent, ils se consultent, et il ne faut pas moins que l'exemple des hardis chasseurs qui les accompagnent pour les entraîner.

Eh bien, l'exemple lui-même est sur le point de me manquer. Charles en effet, Charles, le guide sans peur et sans reproches, semble consterné. Non-seulement à ce passage haché, déchiqueté, il ne se trouve ni saillie où mettre le pied, ni végétation où retenir la main ; non-seulement la roche lavée par les tempêtes, polie par les siècles, n'offre que de rares aspérités à quoi se prendre... L'arête, déjà si peu abordable, ajoute à ses périls ordinaires celui d'un supplément de verglas. Il a neigé, le soleil a fondu le névé, et la gelée a solidifié l'eau. Les parois brillent, lisses comme un verre. Charles, devant ces colonnes d'Alcide, prononce son *nec plus ultrà*. Puis, comme il me voit désolé d'un naufrage si voisin du port : « Allons, dit-il, j'essayerai. » Avec des précautions infinies et un courage égal au danger, il s'aventure sur la crête branlante, faisant le chemin, enlevant la neige d'un revers de coude ou brisant la glace à coups de hachette. Cinq minutes, longues comme un jour, s'écoulent... Le voilà de l'autre côté, proposant de m'apporter le registre qui s'y trouve, afin que j'ajoute mon nom à ceux des braves qui s'y sont inscrits. Je n'aime point, même dans les plus petites choses, ces transactions de conscience où, la nécessité semblant faire loi, on couronne une capitulation des lauriers de la victoire. Je refuse net.

— « Ou je passerai comme vous, ou je n'écrirai rien.

— « Bien, reprend-il, il y a moyen de tout arranger. »

Et, avant que j'aie pu lui faire un signe, le brave garçon franchit à nouveau le fatal passage, et me rejoint. En silence, il détache sa ceinture de laine rouge, me la jette autour du corps, puis me lie solidement à lui. Après quoi :

— « En route !

— « Mais, si je tombe, je vous entraîne dans ma chute.

— « Gardez-vous-en bien. J'ai ma femme au village de Saint-Mamet, et je suis père de

quatre enfants ! Au surplus, votre intérêt me
répond de ma sûreté : vous ne tomberez pas. »

Tout cela dit, en souriant, le plus tran-
quillement du monde. Et nous voilà tous deux
à cheval sur la croupe de la montagne, nous
rasant à la manière du fauve qui sort de son
repaire, profitant des moindres saillies pour
nous y incruster, déchirant nos ongles au
granit, lui allant devant, moi mettant le pied,
la main ou le genou à la place même où se
sont posés son pied, sa main et son genou. Le
moindre faux pas de l'un peut jeter l'autre aux
abîmes... mais il n'y a plus à s'en dédire :
une marche à reculons serait insensée. Donc,
en avant ! Je ne puis cependant dissimuler que
j'ai vécu là le plus mauvais quart d'heure de
ma vie, attiré par le vide dont la nature n'a
certes pas plus d'horreur que moi. Enfin, le
passage devient moins impraticable : il s'élar-
git, il s'aplanit... victoire ! nous foulons la
vraie cime, la reine des Pyrénées, l'antique
Olympe d'un dieu des Ibères.

XIII

Le sommet du Néthou — 3,404 mètres
au-dessus du niveau de la mer — est plus
long que large. Vingt personnes y tiendraient
à l'aise. Une ouate de frimas le recouvre tout
entier, à ce moment du moins. Deux petites
tours en pierres sèches y ont été élevées. Les
guides, car Paul Redonnet nous a suivis, se
mettent à creuser la neige sur un point qu'ils
semblent reconnaître. Bientôt ils rencontrent
une dalle qu'ils soulèvent, et retirent de l'exca-
vation une boîte de chêne peinte en vert.
C'est l'arche sainte où repose le noble registre,
frère cadet de celui que nous avons analysé
plus haut, et que l'on conserve à l'établissement de Luchon. Assis sur un bloc effrité, je
le feuillette rapidement, et j'y trouve consi-
gnées les observations des derniers visiteurs.
Le livre n'en est encore qu'à son début. Il
renferme bien des pages blanches réservées
aux émotions de l'avenir.

D'un trait rapide j'y jette mon nom, avec le juste éloge de mes compagnons. L'effort est méritoire, car l'onglée nous fait cruellement souffrir. La température ambiante demeure pourtant supportable. Quel en est exactement le degré? Je ne saurais l'établir; je ne me suis point muni de thermomètre, et le tube que nous trouvons inséré par M. Lézat dans le bois d'une croix ne peut nous servir : des bulles d'air en ont accidentellement rompu la colonne mercurielle. Une petite Sainte-Vierge était auprès, laissée un jour par un voyageur; la tourmente a sans doute emporté la pieuse image, car nous la cherchons en vain. Mais, hélas! ce qu'il y a de plus précieux nous est ravi, je veux dire la vue : la nuée nous environne comme des dieux de l'Iliade : nous nous passerions volontiers d'un tel honneur. Une mer d'élastiques vapeurs flotte autour de nos fronts. Elle s'entr'ouvre parfois sous la flèche d'or d'un rayon de soleil, et nous devinons à nos pieds de vertigineuses profondeurs. Après quoi, plus rien... rien du côté de la France, rien du côté de l'Espagne! Je me console, songeant que jadis le grand voyageur, qui a nom Ramond, fut victime, sur ces pentes, d'une mésaventure pareille. « J'attendais en vain, dit-il, que le ciel se dégageât. J'étais précisément dans la région des nuages. Le brouillard était continu derrière moi, et si je distinguais les objets placés au nord et à l'ouest, c'est que ce brouillard, en franchissant le sommet de ma montagne, se divisait en pelotons rapidement emportés et entre lesquels mon regard trouvait toujours un passage. » Je n'eus guère, en ce qui me concerne, la consolation de ces *pelotons*. Je n'ai donc vu ni la gorge sauvage de Malibierne et ses escarpements à pic, ni le glacier de Coroné avec sa nappe éblouissante qui rapidement descend jusqu'au lac, ni le vaste miroir du Grégonio, ni l'arête centrale de la chaîne pyrénéenne avec les vallées qui la creusent et les sommets qui la bossellent, ni les plaines de la Gascogne semées d'arbres et de villas, ni les champs de la Catalogne sillonnés de rubans d'argent. Mon horizon visuel devrait embrasser cinquante lieues : il n'a pas cinquante pas.

Déçu par la réalité, je me réfugie dans l'illusion. Pendant que Charles et Paul se reposent, j'évoque le souvenir d'une de mes courses récentes où la Maladetta m'était apparue baignée dans des torrents de lumière. C'était il y a quelques semaines, sur la cime du Montné. Une nuit étoilée m'y avait conduit en douce compagnie, tiède nuit traversée de visions poétiques, rafraîchie seulement par une de ces brises légères qui portent avec elles le parfum des prairies ou l'écho des torrents. Arrivé avant l'aube, j'entrevois peu à peu le cercle des monts s'estomper dans l'obscurité vaincue. Un trait de pourpre raye l'horizon, pâle d'abord, bientôt tout en feu. Et tandis que des libellules bourdonnent à nos oreilles ou qu'une caille des montagnes salue l'aurore de son cri joyeux, le roi du jour s'élève rapidement derrière un rocher noirâtre. Il n'a pas encore ses rayons; ce n'est guère qu'un globe lumineux, comme *la perle éternelle*, mais déjà plus resplendissant. Bientôt de l'astre qui monte jaillissent des milliers d'étincelles : sa chevelure s'enflamme, et à peine s'est-il paré d'irradiations brillantes, que ses premières caresses sont pour la Maladetta. Il semble que, dans sa toute-puissance, il veuille consoler la sublime foudroyée de la malédiction qui pèse sur elle. Les neiges du Néthou se nuancent pour un instant de teintes roses qu'elles ne retrouveront plus de tout le jour. Puis, c'est le tour des pics moins superbes. Chacun d'eux, à l'envi, allume ses cristaux à ce foyer céleste; et si pure est l'atmosphère, que les villages, les manoirs, les bois, les ruisseaux, se peuvent compter dans les riches plaines de Toulouse et de Tarbes. Mais ce magique spectacle ne dure pas. Le soleil, poursuivant sa course, noie les détails dans son intensité croissante : il n'y a que les hauts sommets qui demeurent avec leur majesté, le Néthou dominant tous les autres. Image du monde moral, où les vraies grandeurs seules subsistent et resplendissent plus vives à travers le temps, alors que les réputations d'un jour se fondent, comme un clinquant de faux aloi, sous les lueurs vengeresses de l'Histoire! C'est ainsi que, la philosophie et ma mémoire aidant, je me console par ce que j'ai vu de ce que je ne vois point.

Toutefois il me semble inutile de prolonger la halte en ce séjour inhospitalier. D'ailleurs

Charles, selon l'usage de ses confrères, tient
à *expédier* la course dans les délais réglemen-
taires. Il me pousse, il me presse. Déjà le
registre, est réintégré dans sa caisse d'où il ne
sortira plus sans doute qu'en l'été de 1872, et
la caisse à son tour rentre dans son étui de
frimas. Il s'agit d'affronter encore le Pont de
Mahomet : or le plus tôt sera le meilleur. Ne
convient-il pas en effet de brusquer le dénoû-
ment des situations épineuses? Le retour passe
à juste titre pour plus pénible que l'aller,
avec cette aggravation qu'il est inéluctable.
Cette fois, nous ne nous attachons plus l'un
à l'autre : le jeu serait trop périlleux. S'il
faut une victime à la vierge maudite, du
moins qu'il n'y en ait qu'une! Il n'y en eut
point. Avec le scrupule d'imitation d'un habi-
tant du Céleste Empire, je m'applique à repro-
duire tous les mouvements de Charles. Il me
souvient — *horresco referens* — d'une saillie
où l'extrémité seule du pied trouve à se poser:
le reste du corps se balance sur le vide, dans
l'attitude aérienne du *Mercure* de Jean de
Bologne s'élançant vers le ciel, sans qu'on ait
pour prolonger cette pose la très plausible

raison de talonnières ailées. Aussi, le mieux
est-il de n'y point persister, à peine de renou-
veler la chute sanglante de Simon le Magicien
devant le tribunal du César romain. Grâce au
ciel, saint Pierre ne nous en veut pas, et nous
voici revenus au second sommet. Dès lors, *la
jettatura* paraît conjurée, bien qu'il nous reste
encore plus d'un mauvais pas à franchir. Nous
fêtons notre délivrance en décoiffant un flacon
de bourgogne, et, après y avoir largement
goûté, nous répandons le surplus, comme une
libation propice, destinée au génie du lieu.
Rubis de la Côte-d'Or, égrené et pressé chez
moi, au pied même du cabinet de travail où
Crébillon écrivit son *Atrée,* le sang de la vigne
coule plus vermeil que celui des fils de
Thyeste sur la neige immaculée des glaciers.
O vieux tragique, j'ai dû réjouir ton ombre
en mêlant à ces sublimes horreurs quelques
gouttes du nectar qui inspirait ton sombre
génie !

XIV

Nous reprenons nos cordes, et vers onze heures nous procédons au retour.

« .... Facilis descensus Averni. »

Nous courons, nous glissons, nous roulons, aidés de nos bâtons à pointe d'acier. La trace de nos pas que nous retrouvons nous importe assez peu. Gagner au plus court est notre nouveau programme. Tout à coup la surprise m'arrache un cri ; je me suis assis plus vite que je ne l'eusse voulu et très-malencontreusement, sur une crevasse où je disparaîtrais bel et bien sans la précaution du chanvre tutélaire dont la tension me tire de peine. Mais en même temps l'émotion m'a ouvert la main, et l'alpen-stock s'en est échappé. Je veux le ressaisir : bah ! le voilà qui tourne sur lui-même le long des pentes glacées, assez lentement d'abord, puis plus vite, puis avec une rapidité vertigineuse, selon les lois de la chute des corps. Ceci me donne à réfléchir. Ma

pesanteur spécifique étant évidemment supé-
rieure à celle d'un bois de coudrier, j'aurais
chance, voulant le suivre, de le devancer dans
sa course, pour arriver *beau premier* au fond
de quelque gouffre. Je préfère lui adresser
mes adieux, sans espérance de le jamais
revoir. Légèrement meurtri par l'épisode, je
reprends mon aplomb et me remets à cheminer entre mes deux compagnons, n'ayant
d'autre appui désormais que leur corde.
Aussi ne suis-je pas sans regretter amère-
ment l'ami perdu, quand soudain, à quelques
centaines de mètres au-dessous de moi, vers
la droite, j'avise mon déserteur fiché par sa
pointe encore vibrante à la paroi bleuâtre
d'une crevasse.

— « Nous l'aurons ! » s'écrie Charles, et,
se détachant vivement, il se met à courir de
ce côté. Paul le suit. J'en profite pour me
coucher sur la neige molle, et attendre, en
vrai sybarite, l'issue de cette course au bâton.
Dix minutes après, je rentrais en possession
du noisetier sauveur... et sauvé. Il est
d'usage, parmi les fils de la montagne, que
celui qui, en chemin, laisse échapper sa pique,

paye une amende aux compagnons. Je donne
à penser si j'acquitte volontiers la mienne.
J'avais eu d'ailleurs mes distractions, pendant
ce repos forcé. La nature perd-elle jamais ses
droits ? c'est elle qui, un mois avant, me
faisait cueillir un bouquet de fraises parfu-
mées sur l'âpre sommet du Montné ; c'est elle
qui de sa tiède haleine féconde la renoncule [1]
au milieu de ces frimas ; et voici qu'aujour-
d'hui, dans ce lieu de désolation, elle pousse
vers moi tout un essaim d'abeilles, à travers
un tourbillon d'air glacé. Un papillon du genre
Fausta s'y est mêlé. La rencontre me rappelle
une jolie réflexion de Ramond, que je ne
résiste pas au plaisir de transcrire : « Cette
fragile créature, cette espèce de fleur vivante
qu'un souffle du Zéphire met dans les airs à
deux doigts du naufrage, qui n'effleure pas
la rose sans compromettre le duvet de ses
petites ailes, le papillon a, dans sa race, des
aventuriers qui franchissent les précipices dont
les monts du premier ordre sont environnés,
et s'élèvent, de proche en proche, à ces

1. *Ranunculus glacialis.*

régions de l'atmosphère d'où il tonne sur nos
têtes, et où l'aigle même tente rarement de
diriger son vol… » J'étais tombé sur un de
ces *aventuriers*. Je pique à ma casquette
l'audacieux lépidoptère; quant aux pauvres
mouches à l'aile d'or, je les laisse endormies
dans un linceul où nul pasteur Aristée ne
viendra les éveiller. Ce que c'est pourtant
que de prendre la Maladetta pour l'Hymette!

XV

Sur ces entrefaites, un grésil dru et fin se
met à tomber. En moins d'une minute, nous
devenons blancs à laisser croire que nous sor-
tons d'un moulin ; trois quarts d'heure durant,
nous sommes saupoudrés de la sorte. Pendant
ce temps, — nous l'apprîmes plus tard, — la
pluie tombait à la Rencluse. Nous repassons
près des fameuses crevasses, avec le même
bonheur. Le ciel redevient bleu; nous nous
dessanglons. Afin d'abréger la route maus-

sade que nous avions suivie à travers le dédale des éboulis, nous serrons de plus près l'arête rocheuse du Portillon, dont la brèche, dominant une pente rapide, s'entr'ouvre à notre gauche. Cette modification dans l'itinéraire nous permet de prolonger notre marche sur la neige, et sur une neige désormais sans embûches. Nous ne pouvons cependant éviter tout à fait les dislocations du chaos. Là recommence le labeur du matin, plus pénible encore. Le grésil qui scintille sur les rocs, comme une poussière diamantée, ne permet plus aux clous de nos souliers de mordre le granit. Des glissades s'en suivent, qui ont pour conséquence quelques chutes plus réjouissantes que regrettables. En revanche, le soleil a reparu; sa lueur vivifiante nous remet en belle humeur, et je prends, pour ma part, si grand goût à contempler l'astre-roi, que j'en immobilise quelques rayons trop ardents au profit de mes joues et de mon cou.

Nous voici de nouveau sur l'arête. Déjà nous apercevons le plan des Étangs, avec son tapis vert qu'argente l'Essera. La Rencluse est à nos pieds. Nous hélons Redonnet, qui, assoupi sous la roche, ne nous entend guère. En revanche, nos cris, traversant la vallée, vont, bien au delà, trouver des promeneurs qui, du haut de Sauvegarde, nous avisent et nous répondent. Sont-ils allés y évoquer le souvenir de cette jeune religieuse dont M. Lézat retrouva naguère le chapelet, dont Nérée Boubée a conté la poétique légende, et qui n'échappa que par la mort à la brutalité des républicains de 1792? Quoi qu'il en soit, nous redescendons la *muraille,* butinant des fleurs, musant à chaque fontaine et donnant, de nos lèvres ardentes, plus d'un baiser à la naïade. Notre soif dessécherait des cascades. Enfin nous touchons le sol de la Rencluse, et nous pouvons rendre grâces aux dieux.

Trois heures ont été employées à cette descente. Deux suffiraient peut-être. Mais quelle nécessité de se surmener? Qui veut aller loin doit ménager sa monture, et, pour être en règle avec la Maladetta, nous ne sommes point encore à Luchon.

XVI

Tandis que nous échangeons nos souliers de montagne, percés d'humidité, contre des chaussures doucement attiédies près de l'âtre, Redonnet improvise un ambigu des reliefs de notre souper de la veille. Nous dépêchons, sans grand appétit, une tranche de viande froide, réchauffée de frontignan. Décidément, l'air des hauts sommets n'est point apéritif. Et puis le temps presse… manteaux et couvertures se balancent de nouveau sur les cacolets. Debout ! En touriste bien élevé, je laisse ma carte de visite à la Rencluse, et aux ours, s'ils en veulent, les débris du festin. Un tronc de sapin qui achève de se consumer nous jette ses dernières lueurs. En trente minutes, nous regagnons à pied le plan des Étangs. Nos chevaux nous y attendent. Nous reprenons les lacets du Port, nous émiettons à nouveau, sous forme de péage, le gâteau de miel au cerbère de la veille, et, avant de franchir le

défilé, nous nous retournons pour jeter un
regard suprême vers ces horizons qui vont
disparaître. Là encore, notre curiosité trouve
largement à quoi se prendre. Un instant, le
Néthou se découvre à nos yeux dans sa splen-
deur hautaine; puis il voile son sommet pendant que le soleil couchant dore de ses derniers rayons d'autres crêtes moins altières, et
qu'un orage splendide, plein de foudres et
d'éclairs, éclate en pluie de feu sur les contre-
forts du Posets. Il n'y a que les Pyrénées
pour offrir de tels spectacles à ses admira-
teurs.

Vers six heures, nous étions à l'Hospice.
Après l'avoine obligée, un temps de galop
nous emporte vers Luchon. Mais quelque dili-
gence que nous fassions, la nuit nous devance
de ses ailes noires. Il est sept heures quand
nous atteignons la douane, et sept heures,
dans cette saison, c'est l'obscurité. Nous ne
pouvons donc parader, selon la tradition, dans
l'allée d'Étigny. Notre vanité n'en sera cependant pas entièrement pour ses frais. Un groupe
de baigneurs nous fait accueil devant la maison Fabre, inquiet sur l'issue de la cam-

pagne. Je rassure d'un mot tous ces bons amis, remettant à plus tard le récit détaillé de notre expédition. C'est cette promesse que je tiens aujourd'hui.

Novembre 1871.

FIN